헨리 데이비드 소로

생태문학의 고전 『월든』을 쓴 자연시인

두레아이들 인물 읽기 ③

헨리 데이비드 소로

생태문학의 고전 『월든』을 쓴 자연시인

엘리자베스 링 지음 | 강미경 옮김

두레아이들

위대한 자연주의자 빌을 위해
— E. R.

✝ 일러두기

1. 추가 설명이 필요한 용어나 인명은 본문에 별표(*)로 표시하고 부록(용어 설명)에 설명을 실어 놓았다.
2. 야드파운드법에 따른 단위(마일, 피트 등)는 미터법에 따른 단위(킬로미터, 미터 등)로 환산해서 표기했다.

차례

『월든』, 자연과 함께한 단순하고 소박한 삶 7

자기 마음과 생각이 시키는 대로 행동하는 아이 11

함께 있을 때 더 행복한 형제 17

소로 형제의 학교 22

형의 갑작스러운 죽음 30

자연이 들려주는 이야기 32

월든 호숫가의 오두막집 37

세금 납부를 거부해 감옥에 갇히다 44

독자들로부터 외면당한 소로의 첫 책 48

"내 삶은 내가 쓰고자 하는 시였다!" 53

시간이 흐를수록 더 큰 희망을 주는 사람 57

헨리 데이비드 소로의 생애 60

부록

『월든』은 어떤 책인가? 63

용어 설명 91

『월든』, 자연과 함께한 단순하고 소박한 삶

집을 나서면 우리는 바로 자연과 만나게 된다. 우리와 세상 사이에는 창도 없고, 벽도 없다. 그래서 우리는 자연과 아주 친해진다. 바람과 부드러운 실바람이 우리 몸을 휘감는다. 머리 위에서는 햇살과 비와 눈이 쏟아져 내린다. 대지는 단단하고, 발 아래는 온통 풀로 가득하다.

사실 자연은 온 사방에서 우리를 감싸 안는다. 자연은 우리 몸 안으로 들어오기도 한다. 공기 중에는 흙 냄새가 가득하다. 사과와 밤과 도토리를 맛볼 수도 있고, 새들의 맑고 아름다운 노랫소리를 들을 수도 있다. 다람쥐와 나무들도 보이고, 반짝이는 별들도 보인다. 조용히 귀 기울이고 가까이 가서 눈을 크게 뜨고 관찰하면 자연이 전하는 흥미진진한 비밀 이야기를 들을 수 있다. 이처럼 자연은 우리의 감정과 생각 한복판으로 곧장 들어온다.

헨리 데이비드 소로
(Henry David Thoreau, 1817. 7. 12 ~ 1862. 5. 6)

미국의 수필가이자, 시인, 사상가. 순수한 자연생활을 예찬했으며, 시민의 자유를 열렬히 옹호했다. 가능한 한 단순하고 자족적인 삶을 추구하려 했던 자신의 실험적 생활을 담은 『월든』은 생태문학의 고전으로 지금까지도 널리 읽히고 있다. 소로는 그 밖에도 『콩코드 강과 메리맥 강에서 보낸 일주일』, 『시민의 불복종』 등의 작품을 남겼다.

헨리 데이비드 소로가 자연에 대해 느꼈던 게 바로 이런 것이다. 소로는 매사추세츠 주 콩코드*에서 평생을 지내며 집 안보다는 자연 속에서 더 많은 시간을 보냈다. 1845년, 청년 소로는 집 근처에 있는 호숫가에 조그만 오두막집을 지었다. 그곳에서 소로는 2년 넘게 생활하며 자연을 관찰하기도 하고, 자연의 소리에 귀를 기울이기도 하고, 사색에 잠기기도 하고, 그때그때 떠오르는 생각들을 글로 적기도 하면서 더없이 소중한 시간을 보냈다.

나중에 소로는 『월든(Walden)』(1854)이라는 책을 썼다. 『월든』은 이처럼 월든 호수 옆 숲 속에서 오두막을 짓고 자급자족 생활을 했던 소로 자신의 이야기를 기록한 책이다. 이 책과 더불어 소로의 다른 작품들은 사람들에게 자연을 바라보는 새로운 시각을 심어 주었다. 그것은 지금도 마찬가지이다. 소로에게는 세상에서 몇 손가락 안에 꼽히는 위대한 사색가이자 자연을 노래한 작가라는 명성이 따라다닌다. 하지만 생전에 소로는 그렇게 되겠다는 마음이 전혀 없었고, 그의 작품들도 크게 주목을 받지 못했다. 다만 그는 자기 나름의 삶을 살면서 그런 삶을 자기 방식대로 기록하고 싶었을 뿐이다.

매사추세츠 주 콩코드의 버지니아 가에 있는 소로의 생가.

자기 마음과 생각이 시키는 대로 행동하는 아이

콩코드 마을 사람들은 소로가 어렸을 때부터 아주아주 독특한 자신만의 삶을 살아간다고 생각했다. 소로는 마을 사람들과 너무 많이 달랐다. 그는 떠들썩한 파티를 좋아하지 않았다. 그는 교회의 '사교 모임'에도 참석하지 않았다. 차라리 혼자 숲 속을 거니는 걸 더 좋아했다. 때로 통나무 위에 걸터앉아 책에 코를 처박고 있는 그의 모습이 마을 사람들 눈에 띄기도 했다. 어른이 된 그가 마을에서 떨어진 숲 속으로 들어가 오두막집을 짓고 혼자 생활하는 것에 대해 마을 사람들은 그다지 많이 놀라지 않았다. 사람들은 이렇게 말했다. "헨리는 늘 괴상한 구석이 있었어."

헨리 데이비드 소로는 1817년 7월 12일 매사추세츠 주 콩코드 외곽에 있는 할머니네 농장에서 태어났다. 그가 태어났을 때 누나 헬렌은 다섯 살이었고, 형 존은 두 살이었다. 소로가 태어나고 나서 2년 뒤 여동생 소피아가 세상에 나왔다.

소로네 가족의 생활은 그 당시 뉴잉글랜드 지역에 사는 사람들의 생활과 다르지 않았다. 뉴잉글랜드* 사람들은 생활력이 강했다. 그들은 열심히 일했고, 모든 일에 고마워할 줄 알았다. 그들은 소박하면서도 몸에 좋은 음식들을 먹었다. 아이들은 어머니가 집에서 손수 만들어 주는 옷을 입었다. 소로도 수수하지만 여간해서는 잘 해지지 않는 튼튼한 옷을 입고 자랐다. 소로네 가족은 비록 가진 것은 별로 없었지만 가난하다고 생각하지 않았다. 오히려 그들은 자기네가 부자라고 여겼다. 마을을 통틀어 소로네 가족처럼 화기애애한 가족애를 자랑했던 집은 없었다.

소로의 아버지 존 소로는 연필 만드는 일을 했다. 아버지는 친절하고, 정직하고, 낙천적인 사람이었다. 그는 음악과 책을 사랑했는데, 아이들도 그런 아버지의 영향을 받아 음악과 책을 사랑했다. 소로는 플루트를 배웠고, 누나와 여동생은 피아노를 배웠다. 소로의 아버지는 원래 학교 선생님이었다. 나중에 그의 자식들도 돌아가며 학교에서 아이들을 가르쳤다. 그는 손재주도 좋아서 기계도 잘 다루었고, 목수 일도 척척 해냈다. 이런

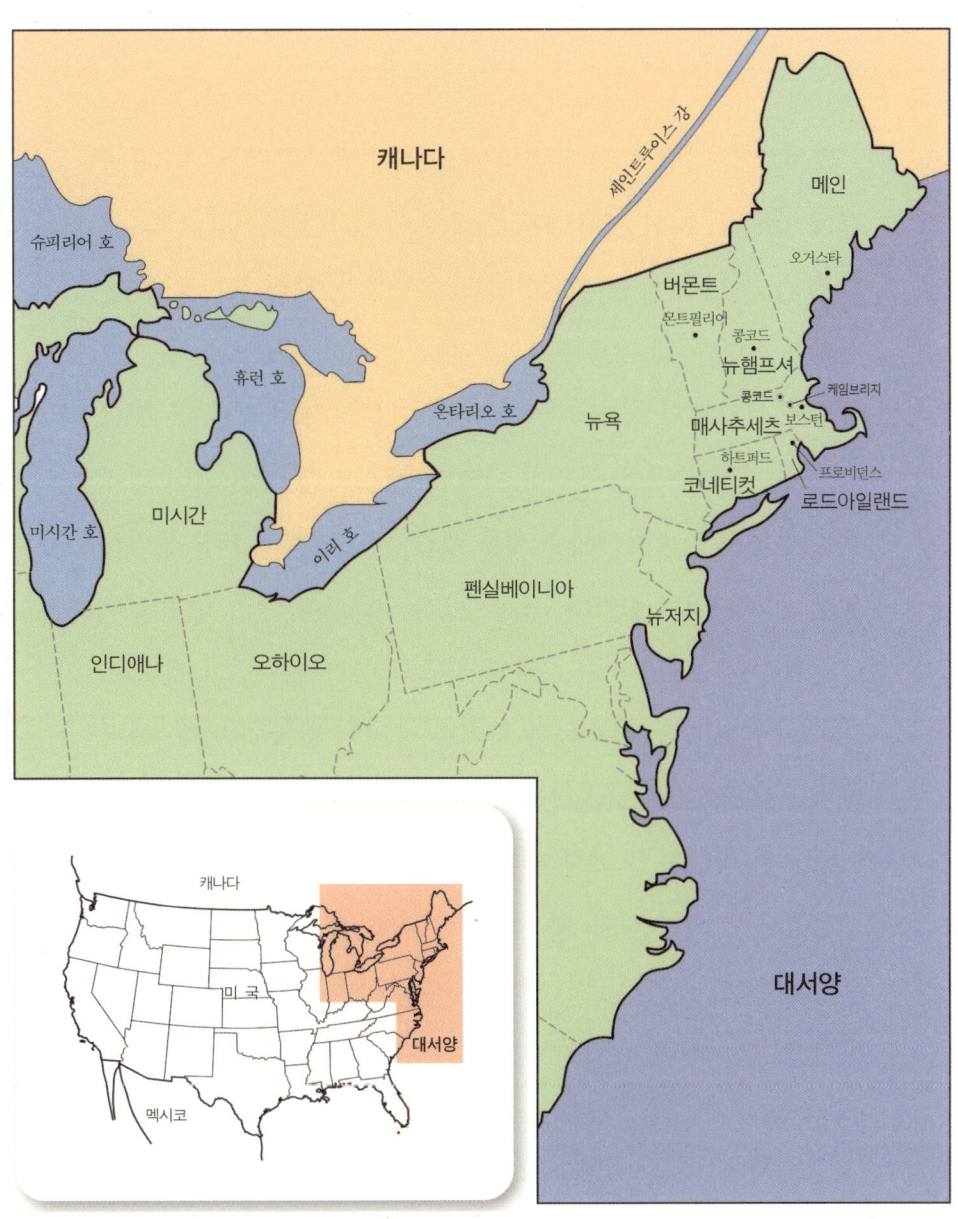

뉴잉글랜드 지방.

재능은 아들 소로에게 그대로 이어졌다.

소로의 어머니 신시아 던바는 늘 분주했다. 그녀는 수다 떨길 좋아했다. 어떤 사람들은 소로의 아버지가 좀처럼 입을 열지 않는 게 당연한 일이라고 말하기도 했다. 사실 그는 입을 열 기회가 없었다. 하지만 소로의 어머니는 착하기로도 온 동네에 소문이 자자했다. 소로의 어머니는 이웃의 일이라면 발 벗고 나섰고, 자기 가족을 끔찍이 아꼈다. 생활비를 벌기 위해 집에 있는 방들은 하숙생들에게 세를 주었다. 그녀는 훌륭한 살림꾼으로 음식 솜씨도 좋았다.

소로는 형 존과 아주 친하게 지냈지만 형제는 많이 달랐다. 존은 말수도 많고 친구들과 함께 어울리는 걸 좋아했다. 하지만 소로는 말도 별로 없고 혼자 있길 좋아했다.

소로는 강인하고 마른 편에 머리는 갈색이었고, 키는 중간 정도였다. 그의 친구들 중 몇몇은 토론하길 좋아하고 뭐든 허투루 넘기는 게 없는 소로에게 '판사'라는 별명을 붙여 주었다. 하지만 그는 재치가 넘치기도 했다. 무언가에 재미를 느낄 때면 청회색이 도는 그의 눈에서는 반짝반짝 빛이 났다. 그렇지만 운동과 놀이에는 별로 관심을 보이지 않아 또래들과 잘 어

소로의 젊은 시절 모습. 그는 형 존과 사이가 매우 좋았다.

울리지 못했다.

  소로도 자기가 남들과 다르다는 것을 알고 있었다. 그는 다른 누가 아니라 자기 마음과 생각이 시키는 대로 행동했다. 나중에 그는 일기에 이렇게 썼다. "만약 내가 남들과 다르게 행동한다면 그건 내 안에서 들려오는 북소리가 다르기 때문이다." 소로의 머릿속은 늘 생각으로 넘쳐났다.

함께 있을 때 더 행복한 형제

소로와 형 존은 서로 다르긴 했지만 사이가 좋았다. 형제는 한 번도 다툰 적이 없었다. 심지어 젊은 시절 한 여자와 동시에 사랑에 빠졌을 때도 형제는 목소리를 높이지 않았다. 그 여자는 소로와 존 둘 다 좋아했지만 결혼은 다른 사람과 했다. 하지만 아무도 마음을 다치지 않았고, 그 후로도 셋은 친구로 남았다.

소로와 존은 둘 다 평생 결혼하지 않고 홀로 지냈다. 소로는 가족을 매우 고마운 선물로 생각했고, 그런 만큼 자신의 가족은 물론 친구들의 가족들도 사랑했다. 하지만 늘그막에 그는 만약 결혼해서 자식들을 두었더라면 자기가 원하는 삶을 살지 못했을 것이라고 말했다.

자라면서 형제는 많은 것을 함께했다. 형제는 가로수가 즐비하게 늘어선 콩코드의 거리를 함께 산책하는가 하면, 역마차와 달구지와 농부들의 짐마차가 남쪽으로 32km 떨어진 보스턴으로 이어지는 도로를 덜컥거리며 지나가는 모습을 구경하기도 했다. 형제는 식료품 가게와 우체국, 은행, 대장간을 성큼성큼 지나치기도 하고, 때로는 강까지 달려가 커다란 짐배가 물살을 가르며 지나가는 모습을 지켜보기도 했다.

집에 있을 때면 형제는 돼지와 닭들에게 먹이를 주기도 하고, 젖소의 젖을 짜거나 풀밭으로 젖소들을 데려가 풀을 뜯기기도 했다. 소로는 동물을 좋아했다. 그는 가축이든 야생동물이든 동물을 '친척'으로 여겼다.

소로는 원래 콩코드 지역에서 살았던 인디언들에 대해서도 그런 생각을 했다. 소로 형제는 이따금씩 인디언 놀이를 했다. 그들은 인디언들의 옛날 야영지와 화살촉이 있는 곳을 머릿속에 훤히 꿰고 있었다. 소로는 동물과 새, 식물, 하늘을 비롯해 자연을 존중하며 귀히 여겼던 인디언들의 생활 방식을 동경했다.

콩코드는 살기 좋은 마을이었다. 그리고 유명한 곳이었다. 2천 명 안팎의 콩코드 주민들은 너나 할 것 없이 모두 미국 독립전쟁* 초기에 콩코드가 했던 역할을 자랑스러워했다. 소로네 가족이 마을에 자리 잡기 약 50년 전인 1775년 4월 19일, 영국 군인들이 콩코드에 들이닥치면서 치열한 전투가 벌어졌다. 영국군은 그곳에 보관되어 있던 식민지군의 총과 탄약을 파괴하는 것이 목적이었다. 수백 명의 민병대원들이 콩코드의 노스 브리지에서 영국군을 맞아 용감하게 싸웠다. 그 전투는 미국이 독립을 달성하는 데 아주 중요한 역할을 한 최초의 전투 가운데 하나였다.

소로 형제는 자유를 위해 희생당한 목조 다리(노스 브리지)가 있던 강가에서 자주 시간을 보냈다. 어떤 사람은 소로 형제가 이와 같은 역사를 지닌 콩코드에서 자라면서 뼛속까지 자유의 정신으로 무장하게 되었다고 말하기도 한다. 형제는 센터 스쿨에 입학해 몇 년 동안 한 교실에서 수업을 받았다. 그 후 형제는 고등학교에 해당하는 콩코드 아카데미에 진학했다. 둘 다 좋은 학생이긴 했지만 아주 뛰어나지는 않았다.

소로와 존은 자연 속에 있을 때 가장 즐거워했다. 특히 소로는 학교에서보다 자연에서 더 많은 것을 배웠다고 굳게 믿었다. 월든 호수는 그가 좋아하는 장소 가운데 하나였다. 호수는 깊고 깨끗했는데, 어찌나 깨끗한지 마실 물로도 얼마든지 사용할 수 있을 정도였다. 맑게 갠 날이면 호수 수면에 비친 하늘을 볼 수도 있었다. 어떤 사람들은 호수에 밑바닥이 없다고 생각

콩코드에 있는 노스 브리지.
이 다리는 1775년 영국 군인들에 의해 불태워졌다가 소로가 죽은 지 13년 후 이 곳에서 벌어졌던 전투 100주년을 기념하기 위해 다시 세워졌다.

하기도 했다. 그만큼 호수는 깊었다. 나중에 소로는 줄에 돌을 묶어 호수 이곳저곳의 깊이를 재 보았다. 그랬더니 가장 깊은 곳의 깊이는 31m였다.

    때로 소로는 배를 저어 호수 한복판까지 나아가기도 했다. 그럴 때면 그는 노를 젓다 말고 고개를 젖혀 하늘을 바라보며 꿈속에 잠겼다. 어떤 때는 또 낚시를 하러 호숫가로 나가기도 했다. 밤하늘의 별들이 지켜보는 가운데, 물고기를 호숫가로 유인하기 위해 둑에다 모닥불을 피워 놓고 낚싯대를 드리우고 있으면 세상에 부러울 게 하나도 없었다.

소로 형제의 학교

소로는 자연 못지않게 책도 아주 많이 사랑했다. 열여섯 살 때 그는 보스턴 외곽의 케임브리지에 있는 하버드 대학교에 입학했다. 나중에는 굉장히 규모가 큰 대학교로 발전했지만 1833년 당시만 해도 학생은 겨우 250명가량이었고, 건물도 몇 채밖에 없는 작은 학교였다.

소로는 대학교 도서관에서 거의 살다시피 했다. 그곳에서 그는 미국, 유럽, 아시아에 관한 책들을 읽었다. 그는 특히 그리스어를 잘했다. 그가 하버드에서 받은 훌륭한 교육은 나중에 그가 쓴 책들에 고스란히 배어들었다. 소로는 많은 방면에서 풍부한 지식을 쌓았다.

어느 날 소로는 하버드 졸업생인 랠프 월도 에머슨*이라는 작가의 글을 접하게 되었다. 자연을 바라보는 에머슨의 시각은 소로의 자연관과 매우 비슷했다. 에머슨은 물방울이 바다의 일

소로가 다녔던 하버드 대학교 풍경.
열여섯 살에 이 학교에 입학한 소로는 도서관에서 거의 살다시피 했다.

부이고 햇살이 태양의 일부이듯이, 모든 사람은 자연 안에 있는 영혼의 일부라고 믿었다.

나중에 소로와 에머슨은 콩코드에서 우정을 나누며 서로의 생각을 주고받았다. 둘은 일기장에 자신의 생각을 적어 내려갔고, 수필과 시를 썼으며, 활발하게 강연 활동을 펼쳤다.

1837년, 소로는 스무 살의 나이로 하버드 대학교를 졸업했다. 소로는 다시 집에 돌아올 수 있어서 무척 기뻤다. 그는 자기가 다녔던 센터 스쿨에서 아이들을 가르쳤다.

소로는 가르치는 일을 좋아했지만 곧 문제에 부딪혔다. 당시는 학생들이 말썽을 피우면 교사가 자로 때리는 게 당연하게 여겨지던 시대였다. 소로는 이를 받아들일 수가 없었다. 소로는 학생들을 좋아하는 것 못지않게 그들을 존중했다. 하지만 학교 당국은 아이들의 버릇을 망치지 않으려면 때리는 수밖에 없다고 여겼다. 소로가 보기에는 말도 안 되는 소리였다. 그래서 아이들을 가르친 지 2주 만에 그는 센터 스쿨을 그만두었다.

이듬해 소로와 존은 콩코드 아카데미 건물을 빌려 직접 학교를 세웠다. 형제는 자신들이 옳다고 생각하는 방식대로 학교를 운영했다. 정규 수업이 끝나면 소로와 존은 학생들과 함께

자연관이 소로와 아주 비슷했던 랠프 월도 에머슨.

강가로 나가 멱을 감거나 뱃놀이를 즐겼다. 또 어떤 때는 숲으로 소풍을 나가 마치 보물찾기를 하듯 인디언들이 남긴 화살촉을 찾기도 했다. 이런 야외 활동은 단지 재미를 위해서만이 아니었다. 학생들은 이와 같은 활동을 통해 동물과 인디언과 지리와 생물과 식물의 한살이와 역사를 배웠다.

생태학*(물론 당시에는 이 말을 사용하는 사람이 거의 없었다)을 배우는 데 야외 활동만큼 좋은 방법은 없었다. 아이들은 동식물이 살아남으려면 어떤 서식지가 필요한지를 스스로 금세 깨우쳤다. 예를 들어 늪지 식물은 산에서 살 수 없고, 숲에서 사는 새들에게는 양식으로 활용할 씨앗과 곤충 외에도 둥지를 틀 수 있는 나무가 필요하다. 소로 형제의 학생들은 식물을 비롯해 생명체가 각자에게 맞는 장소에서 살아가려면 지구의 환경을 보호하는 것이 얼마나 중요한지를 배웠다.

물론 소로 형제가 운영하는 학교에도 규칙은 있었다. 하지만 말썽을 피웠다고 해서 학생들을 자로 때리는 일은 결코 없었다. 그런데도 학교를 찾은 한 방문객이 수업 시간에 그처럼 얌전하게 행동하는 학생들은 본 적이 없다고 말했을 정도로, 애를 먹이는 학생은 없었다. 소로 형제의 학교를 찾는 학생들은

소로와 존은 콩코드에 직접 학교를 열었다.
그들은 학생들과 강으로 나가 미역을 감기도 하고, 뱃놀이를 즐기기도 했다.

점점 늘어갔다. 하지만 1841년, 학교를 열고 나서 3년이 채 안 되어 존이 그만 병에 걸리고 말았다. 아마도 존의 병명은 결핵이었던 것 같다. 존이 더 이상은 가르칠 수 없었기 때문에 할 수 없이 학교 문을 닫아야 했다. 다들 실망이 너무 컸다. 소로 형제가 학생들을 가르치는 방법은 나중에 다른 학교에서 사용되었을 정도로 널리 인정을 받았다.

다시 직장을 잃은 소로는 아버지의 연필 공장에서 일을 했다. 그는 먼지를 뒤집어써야 하는 그 일을 좋아하지 않았지만 틈나는 대로 공장에 나가 일손을 거들었다. 게다가 훨씬 더 질이 좋은 연필을 만드는 법도 고안해 냈다. 덕분에 사업은 날로 번창했고, 소로 가족도 전보다 훨씬 편하게 지낼 수 있었다. 물론 소로도 그와 같은 성공이 싫지는 않았지만 마음은 늘 다른 데에 가 있었다. 그는 자연을 공부하면서 글을 쓰는 게 훨씬 좋았다.

사실 소로는 숲을 거닐거나 책을 읽는 것 다음으로 글쓰기를 좋아했다. 그는 거의 매일 일기를 썼다. 그는 자신이 보고, 듣고, 겪은 것뿐만 아니라 문득문득 떠오르는 생각까지 빠짐없이 기록했다. 그는 시를 쓰는 것도 좋아했다.

소로는 평생 동안 자기가 보고, 듣고, 겪은 것들을 일기에 빠짐없이 기록했다.

형의 갑작스러운 죽음

1839년 가을, 소로와 존은 배를 타고 2주 동안 여행길에 올랐다. 소로는 일기에다 그 여행에 대해 썼다. 현재 남아 있는 그의 일기에는 콩코드 강을 따라 내려간 일, 운하를 통과한 일, 메리맥 강을 거슬러 올라갔다가 다시 내려온 일이 자세히 적혀 있다. 소로와 존은 노를 젓기도 하고, 돛을 펄럭이며 강을 쌩쌩 달리기도 하고, 야영을 하기도 하고, 산을 오르내리기도 하고, 멱을 감기도 하고, 동물들을 관찰하기도 하고, 식물 표본을 채집하기도 하고, 뱃사공들과 이야기를 나누기도 하면서 즐거운 시간을 보냈다. 소로는 이렇게 존과 함께 콩코드 강과 메리맥 강을 따라 여행을 하면서 자신은 교사보다 자연시인이 더 어울린다는 확신을 얻게 되었다.

소로는 이때의 여행을 평생 잊지 못했다. 그러고 나서 3년이 채 지나지 않은 1842년 1월, 존이 갑자기 세상을 뜨고 말았다.

하지만 그가 죽은 것은 그를 괴롭혔던 폐결핵 때문이 아니라 사고 때문이었다. 어느 날 면도칼을 만지다 손가락을 베인 것이 화근이었다. 작은 상처라 별로 신경을 쓰지 않았는데, 그만 파상풍*에 감염되는 바람에 목숨을 잃는 지경에까지 이르렀던 것이다.

소로는 몸져누울 정도로 형의 죽음을 슬퍼했다. 봄이 되어서야 그는 겨우 다시 기력을 회복하기 시작했다. 그 후 그는 예전보다 더 많은 시간을 자연 속에서 보냈다. 그는 플루트도 다시 연주하기 시작했다. 그렇게 얼마쯤 지나자 자연과 음악이 형을 잃은 소로의 슬픔을 누그러뜨려 주었다.

소로는 마을의 허드렛일을 해 주는 인부로 다시 일을 시작했다. 그는 솜씨 좋은 목수로서 뭐든 척척 고쳐 냈고, 정원 손질도 아주 잘했다. 그는 토지를 측량하는 법을 배워 농장과 수로와 도로를 측량해 주어 생계를 꾸렸다. 그는 생활비를 벌 만큼만 일을 했다. 나머지 시간은 자기가 정말 원하는 일을 하기 위해 남겨 두었다. 그는 사람들 대부분이 딱히 필요하지도 않은 물건들을 사느라 지나치게 열심히 일한다고 생각했다. 그의 이런 생각은 평생 동안 이어졌다.

자연이 들려주는 이야기

언젠가 소로는 랠프 월도 에머슨의 집일을 봐 주었다. 그러자 에머슨은 소로더러 렉싱턴 가에 있는 자신의 큰 저택에 들어와 살라고 했다. 그렇게 해서 소로는 에머슨네 집에 자기만의 방을 따로 갖게 되었다. 그는 에머슨의 아내인 리디안과 그들의 아이들과도 잘 지냈다.

  2년 후 소로는 그곳을 나와 뉴욕 주에 있는 스테이튼 섬으로 갔다. 거기서 그는 잠시 에머슨의 조카 세 명을 가르쳤다. 스테이튼 섬에서 지내는 동안 소로는 뉴욕 시를 방문하기도 했다. 시인 월트 휘트먼*과 같은 사람들은 뉴욕을 사랑했지만 소로는 아니었다. 소로에게 뉴욕은 너무 시끄러웠다. 수도 없이 많은 말과 마차들이 나무를 깔아 만든 브로드웨이 거리를 덜거덕거리며 오갈 때의 그 소음이라니! 게다가 지저분한 골목들에서는 돼지들이 꿀꿀거리며 쓰레기를 헤집어 댔다. 하지만 소로는

콩코드 렉싱턴 가에 있는 에머슨의 흰색 대저택.
소로는 이곳에서 2년 동안 살았다.

그곳의 서점과 화랑과 극장을 좋아했다. 그곳에서 그는 마음에 맞는 사람들도 몇 명 만났다. 뛰어난 신문 편집인인 호레이스 그릴리*도 그중 한 명이었다. 나중에 그릴리는 소로가 자신의 글을 책으로 낼 수 있게 도와주었다. 하지만 몇 달이 채 지나지 않아 소로는 향수병으로 고생하다 결국 고향인 콩코드로 다시 돌아왔다.

고향으로 돌아온 소로는 부모님 집으로 다시 들어갔다. 그는 다시 아버지의 연필 공장에서 일하면서 틈나는 대로 에머슨의 집을 찾았다. 소로에게 에머슨은 언제나 좋은 친구였다. 역시 콩코드에 살았던 작가 너새니얼 호손*도 가끔 두 사람과 자리를 같이했다. 이 무렵 에머슨은 영향력 있는 작가이자 사상가로 널리 알려져 있었다. 그는 여기저기 강연을 다녔다. 영국을 비롯해 유럽 여러 나라에서 철학가와 시인과 작가들이 그를 보러 왔다. 많은 사람들이 에머슨이 풀어내는 동양 철학 이야기에 큰 관심을 보였다.

에머슨과 그의 친구들은 풀기 어려운 문제를 주제로 대화를 나누었다. 그들은 무엇이 '진짜 세상'인지를 놓고 토론을 벌였다. 그들은 우리가 보고, 듣고, 만지고, 냄새 맡고, 맛보는 것들이 영혼의 세계를 나타내는 상징이라고 보았다.

그들은 자연을 알면 이 영혼의 세계를 알게 된다고 말했다. 예를 들면 꽃 한 송이가 우리에게 아름다움의 영혼에 대해 이야기해 줄 수도 있고, 바위 하나가 우리에게 힘에 대한 생각을 일깨워 줄 수도 있다.

꽃이나 바위를 보고, 듣고, 만지고, 맛보고, 냄새 맡듯이 아름다움과 힘도 보고, 듣고, 만지고, 맛보고, 냄새 맡을 수 있다. 하지만 자연과 가까워지면 물질을 초월해(어떤 것을 넘어서거나 어떤 범위를 벗어나 있다는 뜻) 존재하는 영혼을 알 수 있다. 따라서 우리는 쓸모없는 일상 활동에서 벗어나 야외로 나가 자연이 들려주는 이야기에 귀를 기울여야 한다.

사람들은 이와 같은 생각을 잘 이해하지 못했다. 사람들이 보기에 이들 초월주의자(그들은 스스로를 이렇게 불렀다)들은 마치 뜬구름 위를 걷는 듯했다. 사람들은 꽃은 꽃일 뿐이며, 바위는 바위일 뿐이라고 생각했다.

하지만 인간과 사물이 선하고, 현명하고, 온화한 영혼의 일부라는 생각을 좋아하는 사람들도 많았다. 소로는 이런 생각들을 생활 속에서 그대로 실천했다. 그렇지만 이들 사상가가 만든 모임에 공식적으로 참여한 적은 한 번도 없었다. 다만 그는 자기 나름대로 이와 같은 생각들을 실천하며 살았을 뿐이다.

월든 호숫가의 오두막집

1845년 봄, 스물일곱 살의 소로는 진지한 글을 쓰기로 마음먹었다. 그때까지 그가 쓴 글은 기사, 에머슨의 제안에 따라 1837년부터 쓴 일기, 그리고 시와 수필이 전부였다. 시와 수필은 에머슨의 지도를 받으면서 초월주의자들이 만든 잡지 《다이얼》에 많이 실렸다. 소로는 이 잡지를 통해 〈연민〉과 〈동부의 처녀에게〉 같은 시와 〈매사추세츠의 자연사〉, 〈겨울 산책〉 등의 수필을 쓰는 등 풍부하고 다양한 작품들을 많이 발표했다. 하지만 이제 그는 좀 더 원대한 포부를 가슴에 품고 있었다. 바로 책이었다.

하지만 그러려면 생각을 키우면서 글을 쓸 수 있는 조용한 장소가 필요했다. 에머슨은 마을에서 몇 킬로미터밖에 떨어지지 않은 월든(Walden) 호숫가에 나무가 우거진 땅을 갖고 있었다. 소로는 에머슨에게 그곳에 조그만 오두막을 지어도 되겠느냐고 물었다. 에머슨은 흔쾌히 그러라고 했다.

　소로는 도끼를 빌려 소나무 몇 그루를 베어 냈다. 그런 다음 구덩이를 파서 지하실을 만들었다. 그러고 나서 돌로 초석을 세운 뒤 집을 짓기 시작했다. 자기 집을 짓는다는 생각에 소로는 신이 났다. 그는 새 둥지처럼 소박하고 포근한 집을 짓고자 했다.

　마침내 연장을 보관하는 창고보다 약간 클까 말까 한 작고 아늑한 집이 완성되었다. 정확히 말해 소로의 새 집은 폭이 3m, 길이가 4.5m, 높이가 2.5m였다. 나중에 그는 벽난로도 들이고, 나무로 헛간도 만들었다. 오두막을 짓는 데 들어간 경비는 모두 약 28.12달러였다. 그가 오두막에 들여놓은 살림살이는 침대, 탁자, 책상, 의자 세 개, 속이 깊은 냄비와 납작한 냄비 몇 개, 필기 도구 약간, 그 밖에 정말로 필요한 물건 몇 개가 전부였다.

　1845년 7월 4일, 소로는 새로 지은 오두막으로 이사했다. 그 날은 미국의 독립기념일이기도 했지만 소로에게도 독립기념일인 셈이었다. 일상의 그 모든 번잡함에서 벗어난 소로는 적어도 자유로움을 느꼈을 게 틀림없다. 그는 사람이 얼마만큼이

소로가 월든 호숫가에 지었던 오두막을 복원한 집 모습.
소로는 2년 2개월 동안 이곳에서 혼자 생활했다.

나 검소하게 살 수 있는지, 나아가 검소하게 생활하는 가운데서도 과연 행복을 느낄 수 있는지 시험해 보기로 했다.

나중에 그는 자신의 책 『월든』에 이렇게 썼다. "나는 숲으로 들어갔다. 이 세상에 내가 배우지 못한 가르침이 있는지…… 죽음이 찾아왔을 때 내가 겪어 보지 못한 삶이 있는지를 알고 싶었기 때문이다."

소로는 매일 아침 일찍 일어나 땔감으로 쓸 장작을 패거나 직접 일군 콩밭의 풀을 뽑았다. 이런 일들은 하루도 거르면 안 되는 일이었다. 나머지 시간은 훼손되지 않은 자연을 직접 만났다. 그때마다 그는 경이로움에 휩싸였다.

그는 정말이지 소박하게 생활했다. 그의 양식은 직접 키운 감자와 옥수수였다. 콩밭에서 거두어들인 콩은 설탕과 쌀과 맞바꾸었다. 저녁거리로 직접 잡은 물고기와 주변에 널린 야생식물을 먹을 때도 많았다.

월든 호숫가에서 생활하는 동안 소로는 철저히 혼자였다. 하지만 그는 한 번도 외로워한 적이 없었다. 말동무가 필요할 때면 그는 마을로 나가 가족이나 친구들과 함께 저녁을 먹었다. 그가 말했듯이 그는 '타고난 은자는 아니었다'. 어떤 주는 매일 콩코드로 나간 적도 있었다.

　손님들이 오두막으로 찾아올 때도 더러 있었다. 그럴 때면 오두막이나 근처에 있는 소나무 그늘에서 많은 이야기를 나누었다. 소로는 이웃에 사는 동물들과도 사귀었다. 쥐 한 마리가 그의 지하실에 보금자리를 만들었는데, 그 쥐는 소로가 내미는 치즈를 날름날름 받아먹을 정도로 소로에게 길들여졌다.

　근처에는 새들도 살았다. 딱새 한 마리가 헛간에 둥지를 틀었다. 오두막 옆 소나무에는 개똥지빠귀가 둥지를 틀고 살았다. 소로가 가장 반갑게 맞이했던 야생 손님 가운데 하나는 아비*였다. 온몸이 시커멓고 덩치가 큰 이 새는 가을이 되면 어김없이 호수를 찾았다. 아비는 아침마다 '사나운 울음소리'(이에 대해 소로는 새소리보다는 늑대 울음소리에 가깝다고 썼다)로 소로를 잠에서 깨웠다.

　어느 날 오후 소로는 아비와 함께 호숫가를 누비며 술래잡기를 했다. 아비가 물속으로 자맥질을 하면, 배에 타고 있던 소로는 재빠르게 노를 저으며 그 뒤를 쫓아갔다. 그때마다 그는 물고기처럼 물살을 가르며 속으로 아비가 다음 번에 삐죽 고개를 내밀 곳이 어디인지를 가늠했다. 하지만 그의 짐작이 맞은

소로가 가장 반갑게 맞이했던 야생 손님 가운데 하나인 아비(왼쪽).
소로는 아비와 술래잡기 놀이를 하기도 했다. 소로의 오두막 근처에는 새와
동물들이 많이 살았다. 그 가운데 딱새(오른쪽)는 그의 헛간에 둥지를 틀기도 했다.

월든 호숫가에 겨울이 찾아오면 소로는 벽난로 앞에 있는 책상에서 글을 쓰곤 했다.

적은 한 번도 없었다. 아비는 멀리 떨어진 곳에서 고개를 냉큼 내밀고는 그를 놀려 댔다. 적어도 소로가 보기에는 그런 것 같았다. 그럴 때면 그도 덩달아 웃을 수밖에 없었다.

겨울이 되면 소로는 글을 쓰며 시간을 보냈다. 눈이 내려 사방에 쌓였다. 소로는 아늑한 오두막에 콕 틀어박힌 채 난로 앞에 있는 책상에 앉아 글을 쓰고 또 썼다. 일기에다 그는 형 존과 함께 콩코드 강과 메리맥 강을 따라 여행했던 이야기를 적었다.

월든 호숫가에 봄이 찾아오자 소로는 다시 야외에서 많은 시간을 보냈다. 주변의 모든 것들이 활기를 띠기 시작했다. 숲이 온통 초록색으로 바뀌었다. 새들은 다시 둥지를 짓기 시작했다. 온 세상이 기나긴 겨울잠에서 깨어나고 있었다.

소로는 눈이 녹으면서 진흙과 모래밭에 여러 가지 무늬가 생겨나는 모습을 지켜보았다. 조그만 개울들은 나무 잎사귀나 덩굴식물처럼 보이는가 하면, 새 발자국이나 살갗 밑에 숨어 있는 핏줄처럼 보이기도 했다. 그런 모습들을 지켜보면서 그는 인간은 자연의 일부라는 사실을 새삼 실감했다. 그는 우리 모두에게 봄은 '새싹을 틔우기에', 잠에서 깨어나 새로운 삶을 시작하기에 아주 좋은 계절이라고 말했다.

세금 납부를 거부해 감옥에 갇히다

소로는 영원히 오두막에서 머물고 싶을 정도로 월든 호숫가에서 더없이 행복하게 지냈다. 하지만 1847년 9월, 2년 2개월 동안의 생활을 끝내고 소로는 그곳을 떠나기로 결심했다. 그는 매일매일 자연과 벗삼아 지내면서 자기가 과연 무엇을 배웠는지를 알고 싶었다. 이제 그는 전보다 더 현명해지고, 더 풍요로워지고, 더 강인해진 듯한 느낌을 받았다. 처음에 그는 소박하게 살면서도 행복을 느낄 수 있는지를 알고자 했다. 이제 그는 그럴 수 있다는 결론에 이르렀다.

소로는 이렇게 말했다. "내가 숲으로 들어갔던 데에도 이유가 있었듯이 내가 숲을 떠났던 데에도 그럴 만한 이유가 있었다. 여러 가지 삶을 체험해 봐야 한다는 생각이 들자 더 이상 한 가지 삶에만 매달려 있을 수가 없었다."

콩코드 주민들은 자기네 이웃이 돌아온 것을 환영했지만 모두가 다 그랬던 것은 아니다. 소로는 변했을지 몰라도 그를 비난하는 사람들은 예전 그대로였다. 많은 사람들이 '거칠어 보이고, 무뚝뚝하고, 자기만 알고, 게으른 숲 사나이'(그들 눈에는 그렇게 보였다)가 대체 무슨 생각을 하며 사는지 도무지 이해하지 못했다.

예를 들면, 어떤 사람들은 그가 세금을 내지 않아 감옥에 갔던 일을 가지고 쑤군댔다. 그들이 생각하기에 시민이라면 당연히 세금을 내야 마땅했기 때문이다.

사실 소로는 인두세*를 내지 않았다가 마을에 내려간 길에 체포되어 감옥에서 하룻밤을 지낸 적이 있었다. 하지만 그에게는 세금을 내지 않은 나름의 이유가 있었다. 그는 세금은 노예 소유주들이 노예를 유지하도록 도와줄 뿐이라는 이유를 들어 3년 동안 정부에 세금(1년에 1.5달러) 내는 것을 거부했다. 그는 노예 제도는 잘못된 제도라는 신념을 가지고 있었다. 그는 콩코드의 다른 주민들과 함께 노예들이 캐나다로 도망치는 것을 도왔다(일부 콩코드 주민들은 1865년 남북전쟁*이 막을 내리면서 노예 제도가 완전히 없어질 때까지 계속해서 노예들의 탈출을 도왔다).

게다가 정부는 세금으로 거두어들인 돈을 멕시코 전쟁*에

쏟아붓고 있었다. 소로는 전쟁 경비를 대는 데 돈을 내고 싶지 않았다. 하지만 마을의 치안관은 소로가 다른 납세자들에게 나쁜 본을 보이고 있다고 말하면서 하룻동안 그를 감옥에 집어넣었다. 다행히 누군가(그가 누군지는 끝내 밝혀지지 않았다)가 소로의 벌금을 대신 물어 주었고, 그 덕분에 소로는 금세 풀려났다.

나중에 소로는 '개인과 정부의 관계에 대하여'라는 제목으로 세금 거부 운동에 관해 강연을 하기도 했다. 훗날 '시민의 정부에 대한 저항'이라는 제목으로도 불렸던 이때의 강연 내용은 책으로 출간되어 나왔다. 오늘날 이 책은 『시민의 불복종』으로 널리 알려져 있다.

여기서 소로는 세상에는 좋은 법도 있지만 나쁜 법도 많다고 말했다. 좋은 법은 지켜야 한다는 데 그도 대찬성이었다. 하지만 그는 자신의 양심이라는 '더 높은 법'에 따르기 위해 정부에 저항할 수밖에 없을 때도 더러 있다고 굳게 믿었다. 세금을 내지 않아 감옥에 갇혔듯이 자신의 양심을 지키려면 기꺼이 대가를 치러야 한다는 게 그의 생각이었다. 그는 이렇게 물었다. "개인이 옳을 수 있고, 정부가 틀릴 수 있다는 게 과연 불가능한 일일까?" 러시아, 인도, 미국을 비롯해 전 세계의 많은 사람들이 정의롭지 못하다고 생각되는 법에 정면으로 반기를 든 그의 이 말에 깊은 감명을 받았다.

독자들로부터 외면당한 소로의 첫 책

월든 호숫가를 떠나고 나서 1년 후 소로는 에머슨이 유럽에 머무는 동안 에머슨의 집과 가족을 돌보았다. 에머슨네 아이들은 그가 다시 돌아와 무척 기뻐했다. 아이들은 그가 들려주는 이야기가 그렇게 재미있고, 그와 함께 난롯가 앞에 둘러앉아 튀겨 먹는 옥수수가 그렇게 맛있을 수가 없었다.

에머슨이 돌아오자 소로는 그 집을 나와 아버지와 함께 가족을 위해 메인 가에 새로 마련한 집으로 이사했다. 그는 오두막에서 가져온 침대와 책상과 의자들을 다락에 들여놓고 자기 방으로 사용했다. 저녁 시간이면 그는 조용한 다락방으로 올라가 글을 썼다. 그는 아침에는 돈벌이가 되는 일을 했고, 오후에는 콩코드 주변의 숲과 들, 늪지를 어슬렁거렸다. 그럴 때면 망원경이나 현미경을 가지고 다녔다. 그는 특이한 모자를 발명하기도 했는데, 그 안에 조그만 식물과 동물들을 담아 집으로 가

소로는 콩코드 메인 가에 새로 지은 집 다락방에 월든 호숫가의
오두막에서 가져온 침대와 책상과 의자들을 들여놓았다.

져와서는 좀 더 자세히 관찰하곤 했다.

　소로는 아주 꼼꼼하게 자연을 관찰하고 연구했다. 하지만 그는 자신을 과학자라고 여긴 적이 한 번도 없었다. 그는 자신을 자연을 노래하는 시인이라고 생각했다. 그는 자연을 과학적으로 분석하기보다 자연이 들려주는, 있는 그대로의 이야기에 더 관심이 많았다. 그렇더라도 동물의 습성이나 식물의 습성을 기록한 그의 글은 과학자들도 고개를 끄덕일 만큼 아주 정확했다.

　그 후 몇 년 동안 소로는 콩코드를 떠나 코드 곶, 메인 주(세 번), 버몬트 주, 뉴햄프셔 주, 뉴욕 주, 캐나다 따위의 여러 곳을 여행했다. 그중에서도 메인 주는 소로가 가장 좋아하는 곳이었다. 훼손되지 않은 야생의 자연이 꽤 많이 보존되어 있었기 때문이다. 그곳에서 그는 산에도 오르고, 강을 찾아 급류 타기도 하고, 인디언 출신의 길잡이와 함께 말코손바닥사슴을 비롯해 고향 콩코드에서는 볼 수 없는 야생동물들도 구경했다. 미국에서 최초로 자연보호의 필요성을 소리 높여 외친 사람들 중 한 명인 소로는 시골의 일부 지역만이라도 야생의 상태 그대로 남겨 두어야 한다고 믿었다. 그렇지 않으면 사람 손을 타지 않은 있는 그대로의 자연이 어떻게 생겼는지 알 수가 없을 터였기

화가 윈슬로 호머의 그림 〈메인 주의 깎아지른 절벽과 해안〉.
소로는 메인 주의 훼손되지 않은 자연을 사랑했다.

때문이다.

1849년 그의 첫 번째 책 『콩코드 강과 메리맥 강에서 보낸 일주일』이 출간되어 나왔지만 팔린 건 겨우 몇 권뿐이었다. 그 때문에 소로는 출판업자에게서 7백 권이 넘는 책을 되사야 했다. 그러거나 말거나 그는 별로 신경 쓰지 않았다. 사실 그는 유명해지는 것을 바라지 않았다. 남들의 눈에 띄지 않고 계속 글을 쓰면서 자연을 즐기는 게 그는 오히려 더 좋았다.

『월든』에서 소로는 숲에서 지낸 2년 동안의 이야기를 하면서 모든 일이 마치 1년 만에 일어난 것처럼 썼다. 그러니까 처음부터 끝까지 사실만으로 이루어진 이야기는 아니라는 뜻이다. 그중에는 사실도 있고, 지어낸 이야기도 더러 있다. 어쨌든 그가 들려주는 이야기는 아름답고 지혜로울 뿐만 아니라 때로 짓궂다는 느낌이 들기도 하고, 재미있는 부분도 많다. 책에는 소로가 본 삶의 진실이 곳곳에 나와 있다.

"내 삶은 내가 쓰고자 하는 시였다!"

1857년 40대로 접어들면서 소로는 늙어 간다는 게 어떤 것인지를 실감했다. 그는 의치를 해 넣었다. 몸도 시시때때로 아팠다. 걸핏하면 감기에 걸리는 바람에 그는 목을 따뜻하게 하기 위해 턱수염을 길게 길렀다.

하지만 정신만큼은 또렷했다. 그는 여전히 숲과 들을 탐사했다. 밤 산책은 그에게 아주 특별한 즐거움을 가져다주었다. 그는 야생동물처럼 어둠 속에서도 길을 잘 찾았다. 그는 이따금 뉴욕 주와 뉴햄프셔 주로도 짧은 여행을 떠났다. 1859년, 아버지가 세상을 떠나자 소로는 여동생 소피아의 도움을 받으며 연필 공장 일을 도맡아 처리했다. 그런 가운데서도 그는 강연 활동도 하고, 글쓰기도 게을리하지 않았다.

그러던 중 1860년 12월 춥고 을씨년스러운 어느 날, 산책을 끝내고 집으로 돌아온 소로는 그만 독감에 걸리고 말았다. 감

걸핏하면 감기에 걸렸기 때문에 소로는 목을 따뜻하게 하기 위해 턱수염을 길게 길렀다.

기는 나날이 심해졌다. 사실 그는 결핵으로 고생하고 있었다. 형 존뿐만 아니라 1849년에 사망한 누나 헬렌도 결핵 때문에 세상을 떠난 것으로 짐작되고 있다.

미네소타 주의 차가운 날씨가 건강을 회복하는 데 도움이 될지도 모른다는 말을 듣고 소로는 그곳으로 떠났다. 하지만 고향을 그리워하는 마음이 어느 때보다도 심해졌다. 얼마 지나지 않아 그는 귓속말에 가까운 아주 작은 소리로밖에 말을 할 수가 없게 되었다. 그는 자신이 죽어 가고 있다는 것을 알았지만 그렇다고 슬퍼하지는 않았다. 그는 자신이 바라던 대로 소박하지만 풍부한 삶을 살았고, 그런 삶을 글로 쓰기도 했다.

언젠가 소로는 이렇게 썼다. "공중에 성을 지었다면…… 성이 있어야 할 자리는 공중이다. 그렇다면 그 아래에 주춧돌을 놓아야 한다." 소로는 꿈을 꾸었고, 그 꿈을 실현했다.

소로는 "내 삶은 내가 쓰고자 했던 시였다"라고 말했다. 실제로 그는 행복하다고 느꼈다. 그는 자신이 죽어 간다기보다 마치 "변화하고 있는 것 같다"고 말했다.

1862년 5월 6일, 소로는 평화롭게 눈을 감았다. 그의 나이 마흔네 살이었다. 그가 마지막으로 남긴 말은 '말코손바닥사

콩코드에 있는 소로의 소박한 묘비.

슴'과 '인디언'이었다. 그 두 단어로 미루어 보건대 어쩌면 그는 마음속으로나마 다시 메인 주로 가고 있었는지도 모른다.

소로는 콩코드에 있는 슬리피할로 공동 묘지의 가족 묘지에 묻혔다. 그보다 먼저 세상을 떠난 형 존의 무덤 바로 옆이었다. 그의 묘비에는 헨리(Henry)라는 단 한 단어만 새겨져 있다.

시간이 흐를수록 더 큰 희망을 주는 사람

소로는 살아 있을 때에는 유명하지 않았지만 그가 죽은 뒤 그의 책 『월든』은 꾸준히 팔렸다. 『시민의 불복종』과 『콩코드 강과 메리맥 강에서 보낸 일주일』도 마찬가지였다. 『소풍』, 『메인의 숲』, 『코드 곶』, 『캐나다의 양키』 같은 다른 책들과 '일기'의 일부가 출간되면서 그의 명성은 날로 높아졌다.

헨리 데이비드 소로는 지금 세상에 없다. 하지만 세상이 갈수록 복잡해지면서 사람들은 소로의 책들 속에서 깊은 의미를 찾고 있다. 선하고, 부족함 없이 꽉 차고, 소박한 삶을 살고자 하는 사람들에게 소로가 전하는 이야기들은 영혼을 높이 끌어올려 주는 역할을 하고 있다.

월든 호수는 지금도 그 자리에 그대로 있다. 옛날에도 그랬듯이 호수의 물은 지금도 맑지만 주변 환경은 많이 변했다. 에머슨의 상속자들이 호수와 주변 땅을 일반에게 공개한 덕분에

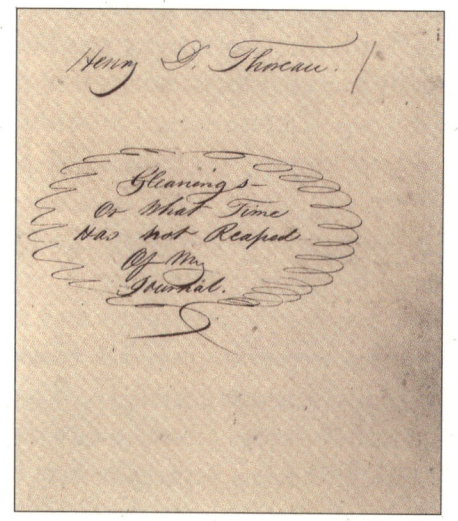

소로가 남긴 여러 권의 일기장 가운데 한 권의 앞표지.

소로를 기리기 위해 1967년 발행된 우표.

다른 사람들도 그곳의 아름다움을 감상할 수 있게 되었다. 지금 그곳에는 공원이 들어서 있다. 소로도 분명 기뻐할 것이다. 생전에 그는 마을과 도시마다 조용하게 평화를 느낄 수 있는 공원이나 숲이 있어야 한다고 말했다.

오늘날 호수를 찾아 소풍을 즐기거나 미역을 감는 사람들도 있다. 소로가 오두막을 지었던 곳에서부터 호수를 가로질러 물놀이를 할 수 있는 쉼터가 마련되어 있다. 물론 그 땅에 그다지 관심을 기울이지 않을뿐더러 그 땅을 함부로 대하는 사람들도 더러 있다. 소로가 이와 같은 사실을 안다면 화를 벌컥 내면서 그런 사람들을 꾸짖는 수필 한두 편을 쓸지도 모를 일이다.

하지만 많은 사람들이 소로가 그곳에서 보았던 아름다움에 끌려 호수를 찾는다. 이들은 소로가 거닐던 그 시절의 모습 그대로 공원을 영원히 보존하기를 바란다.

월든 호수 공원에 한번 가 보기 바란다. 소로의 오두막집이 서 있던 장소에 들러 문간이 있던 터에 가만히 앉아 나무들 사이로 호수를 바라보라. 초석으로 쓰였던 돌들은 여전히 그곳에 그대로 있다. 상상력만 있으면 그의 오두막집을 얼마든지 다시 지을 수 있다. 아니면 공중에 여러분 자신의 '성(城)'을 짓거나.

헨리 데이비드 소로의 생애

1817	7월 12일, 매사추세츠 주 콩코드에서 태어나다.
1823~1833	센터 스쿨과 콩코드 아카데미에 다니다.
1833~1837	하버드 대학교에 다니다. 이때부터 「일기」를 쓰기 시작하다.
1837	자신이 다녔던 센터 스쿨에서 학생들을 가르쳤으나 2주 만에 그만두다.
1838~1841	형 존과 함께 직접 학교를 세워 운영하다.
1839	형 존과 함께 배를 타고 콩코드 강과 메리맥 강으로 여행을 떠나다.
1841	에머슨네 가족과 함께 생활하다.
1842	형 존이 세상을 떠나다.
1843	더 좋은 연필을 만들 수 있는 방법을 고안하다. 뉴욕 시를 방문하다.
1845	7월 4일, 월든 호숫가의 오두막집으로 이사하다.
1846	세금을 내지 않아 감옥에서 하룻밤을 보내다.
1847	9월 6일, 월든 호숫가를 떠나다.
1848	'시민의 불복종'이라는 제목으로 강연을 하다.
1849	『콩코드 강과 메리맥 강에서 보낸 일주일』이 출간되다.
1854	『월든』이 출간되다.
1862	5월 6일, 마흔네 살의 나이로 눈을 감다.

- 부록 -

『월든』은 어떤 책인가?
용어 설명

헨리 데이비드 소로.

『월든』은 어떤 책인가?

'월든(Walden)'은 미국 동부 매사추세츠 주의 콩코드로부터 남쪽으로 약 2.4km 떨어진 곳에 있는 아름다운 호수의 이름이면서 헨리 데이비드 소로(Henry David Thoreau)의 대표적인 책의 이름이다. 소로가 자기의 책 『월든』에 이 호수의 이름을 가져다 붙인 것은 이 호숫가에서 2년 2개월 동안 살면서 느끼고 생각한 것을 책으로 썼기 때문이다.

『월든』은 소로의 다른 책 『시민의 불복종(Civil Disobedience)』과 더불어 세계의 여러 위대한 사상가들에게 커다란 영향을 주었고, 21세기 오늘날에도 세계적으로 널리 읽히고 있는 책들 가운데 하나이다. 또한 자연이 무자비하게 파괴되고 있는 오늘날 지구와 인류의 미래를 걱정하는 사람들이, 환경과 생태 문제를 생각하는 사람들이 꼭 읽어야 할 책이다. 『월든』은 소로가 살았던 19세기보다는 오히려 20세기와 21세기에 더 많이 읽히고 있는데, 그 이유는 이 책이 앞으로 다가올 미래를 밝은 눈으로 내다보고 어떻게 살아야 할 것인가를 가르쳐 주기 때문이다.

『월든』이 우리에게 주는 큰 감동 가운데 하나는 소로의 자연 사랑이다. 소로는 자연 속에 있을 때 가장 커다란 행복을 느꼈다. 그는 더렵혀지지 않은 숲 속의 순수한 아침 공기 한 모금을 사랑했으며, 봄가을 비바람이 세차게 몰아치는 날을 사랑했다. 천둥과 비바람이 대지를 뒤흔드는 날이면 하루 종일 방 안에 들어앉아 바람소리와 빗소리를 들으며 지냈다. 해와 바람과 비, 여름과 겨울……, 소로에게 자연은 "말로 표현할 수 없을 만큼 순수하고 자애로워서 우리에게 무궁무진한 건강과 환희를 가져다주는" 존재였다. 그래서 소로는 이렇게 말했다. "내가 어찌 대지와 교제하지 않겠는가? 나 자신의 일부분이 대지의 잎사귀이며 식물의 부식토가 아니던가?"

그는 계절이 바뀌면서 변화하는 월든 호수와 그 속에 살고 있는 동식물들을 사랑했다. 미친 듯이 웃는 되강오리들, 호수의 주정꾼 개구리들, 어둠의 정령 부엉이들, 사냥꾼에게 쫓기는 여우들을 사랑했고, 그들이 살아가는 모습을 직접 보는 것

세계의 여러 위대한 사상가들에게 커다란 영향을 주었고, 21세기 오늘날에도 여전히 널리 읽히고 있는 책 『월든』의 표제지.

처럼 생생하게 책 속에 그려 놓았다.

　소로는 산업문명의 발전이 인류에게 풍요로움과 편리함과 행복을 가져다줄 것이라고 믿었던 그 시대의 상식을 의심하고 물질문명이 가져다줄 피해를 내다보고 경고했다. 산업의 발전은 더 많은 상품을 더 빠른 속도로 만들어 내어 사람들에게 안락함을 가져다줄지 모르지만, 그러나 그것은 자연을 망가뜨리고 물질을 숭배케 하여 거꾸로 재앙을 가져다줄 것이라고 생각했다. 그런 점에서 이 책은 아마도 19세기 중반 이후 최초의 '녹색 서적'이라 할 수 있다.

　그러나 『월든』에서 소로가 우리에게 무엇보다도 깊은 감명을 주고 있는 것은 진짜 행복이 무엇인지에 대해 거듭 묻고 대답해 준다는 것이다. 참다운 삶이란 어떤 것이며, 사람을 정말로 자유롭게 하는 길이란 무엇인지 물으면서 그 길을 가르쳐 주고 있는 것이다. 사람들은 더욱 많은 것을 갖는 것(즉 많이 소유하는 것)을 행복이라고 생각하지만 그것은 진짜 행복이 아니며, 참다운 행복은 밖에 있는 것이 아니라 자기 내부에, 즉 단순하고 소박하게 살아가는 데 있다고 보았다. 『월든』은 소로가 거짓과 위선을 얼마나 멀리하려 했으며, 인습과 굳어져 버린

낡은 생각의 틀 속에 갇혀 사는 것을 얼마나 싫어했는지를 보여 주고 있다.

소로는 왜 월든 호숫가의 숲으로 들어갔나?

소로는 어려서부터 그가 태어나고 자란 콩코드의 자연을 매우 사랑했다. 하버드 대학교를 다닐 때도 그의 마음은 언제나 고향 마을의 아름다운 자연을 헤매고 다녔다. 그래서 "우아한 벽 속에 감금된 내 영혼은 나의 오랜 친구인 자연과의 만남을 열망했다"라고 했다.

소로의 고향 콩코드는 강과 숲과 호수가 잘 어우러진 아름다운 고장이다. 드넓은 숲과 풀밭, 마을 북쪽에서 만나 합류하는 두 강, 즉 물살이 느린 머스케타퀴드 강과 그보다 물살이 빠른 아사벳 강은 소리 없이 마을을 빠져나와 80km를 조용히 흘러간다. 같은 시대에 소로와 함께 콩코드에서 살았던 『주홍글자(The Scarlet Letter)』의 작가 너새니얼 호손은 아사벳 강에 대해 "이 강보다 더 아름다운 강이 세상 어디에서 흐를까. 있다면 다만 한 군데, 시인의 남모르는 상상의 땅에서나 흐를 뿐"이라고 했다.

　소로의 시골은 마치 가장 뛰어난 풍경화를 보는 듯하다. 이 곳의 풍경은 길들여지지 않은 순수함을 지니고 있다. 수많은 종류의 새들이 깃들어 살고 갖가지 야생 식물들이 숲과 들판을 아름다운 꽃으로 수놓는다. 조용히 흐르는 강들과 고요한 호수들은 보는 사람의 영혼을 맑고 깨끗하게 해 주고 평화를 준다. 이곳은 인디언의 기억과 전통이 간직된 부싯돌과 화살촉이 흔히 발견되는 곳이기도 했다.

　소로는 이런 경치와 환경 속에서 자연에 대한 깊은 사랑을 느끼며 자랐다. 그는 일찌감치 야외에서 보내는 거친 삶에 단련되어 있었다. 이미 여섯 살 때 암소를 몰고 들판으로 나가기도 했고, 마을의 다른 소년들처럼 맨발로 다녔다. 어린 소로는 학교에서 하는 놀이나 체육에는 별로 흥미를 느끼지 못했으며, 오히려 낚싯대를 메고 인적 없는 후미진 강이나 숲으로 들어갈 때 뛸 듯이 기뻐했다고 한다.

　소로는 나이를 먹어 가면서 친구들과 더불어 콩코드 강에서 헤엄을 치거나 배를 타는 것을 좋아했다. 그러면서 강가의 바위들과 소리들과 친해지게 되었다. 그리고 그곳에서 해마다 찾아오는 인디언 부족의 후손들을 만나기도 했다. 그들은 선조들의 땅이었던 푸른 풀밭에 천막을 치고는 바구니를 만들거나 구슬을 꿰었으며, 콩코드의 아이들에게 인디언 카누의 노 젓는 법을 가르쳐 주기도 했다.

스물두 살 때에는 그가 사랑했던 형 존과 함께 콩코드 강과 메리맥 강으로 긴 여행을 떠났다. 두 사람은 8월의 마지막 날 그들이 봄철 내내 만들었던 보트 '머스케타퀴드'에 텐트와 낚시 도구 등 여행에 필요한 것들을 싣고 콩코드 강을 따라 여행을 시작했다. 그리고 마침내는 강폭이 좀 더 넓고 물살이 빠른 메리맥 강과 만나는 로웰에까지 이르렀다. 거기서 메리맥 강을 노를 저어 거슬러 올라가 뉴햄프셔의 주도에서 멀지 않은 곳에까지 다가갔다. 그들은 그곳에 보트를 놓아두고 좁은 시내를 따라 화이트 산맥에서 시작되는 메리맥 강의 맨 위 물줄기까지 걸어 올라갔다. 소로는 이 여행을 기록으로 남겨 훗날 『콩코드 강과 메리맥 강에서 보낸 일주일』이라는 책으로 펴냈다.

소로가 어린 시절을 돌아보면서 가장 많이 이야기한 곳 중의 하나가 월든 호수였다. 이 호수는 숲이 우거진 낮은 언덕으로 둘러싸여 있는데, 연녹색 푸른빛이 도는 호수의 물은 무척이나 맑아서 9m 아래 바닥까지 들여다보였다. 주위에 있는 다른 호수들보다 비교할 수 없을 만큼 깨끗했다. 이 호수의 어떤 곳은 바닥을 모를 만큼 깊었다. 그는 어두운 밤 이 호수에서 불을 환히 밝히고 불빛에 끌려 모여드는 물고기들을 낚기도 하고, 여름날에는 자신이 탄 보트를 바람에 맡긴 채 몇 시간 동안이나 명상에 잠겨 있기도 했다. 그는 이 호수를 찾아갈 때마다 그곳에서 살아 보고 싶다는 꿈을 꾸었다. 그리고 마침내 그 꿈을 이루었다.

자연을 사랑했던 소로가 실제로 자연 속으로 들어가 살아 보기로 한 데에는 당시 그의 마음을 사로잡았던 '초월주의'(초절주의라고도 한다) 사상도 큰 영향을 주었다. 미국의 사상가이며 시인이었던 랠프 월도 에머슨(소로보다 14살 많았지만 친구처럼 가까이 지냈다), 조지 리플리, 올코트 등이 중심이 되어 펼친 초월주의 운동은 특히 미국의 뉴잉글랜드 지방에서 크게 주목받고 있었는데, 소로의 어린 시절과 성년기의 인격 형성에도 두드러진 영향을 끼쳤다. 초월주의는 자연에도 각 사람에게도 모두 신성함이 깃들어 있다고 믿었으며, 소로도 생명의 아름다움과 신성함을 굳게 믿었다. 초월주의를 따른 사람들은 낡은 인습을 벗어나 자연으로 돌아가야 한다고 주장했으며, 인위적으로 만들어 낸 복잡한 삶을 버리고 단순한 삶으로 돌아가야 한다고 생각했다. 그들은 누구든지 자신의 힘으로 스스로 깨우쳐 알며, 자신을 존중하고, 자신의 손으로 노동해야 한다고 주장했다. 그들은 국가를 비롯한 어떤 집단보다도 개인의 삶이 더 중요하다고 여겼다.

　소로는 한 사람의 인생에서 가장 의미 있는 물음은 "무엇으로 생계를 꾸려 가는가, 즉 하루하루 먹는 빵 가운데 얼마만큼을 자신의 노동을 통해 벌고 있으며, 무엇을 물려받았고 무엇을 훔쳤는가"라는 것이라고 말했다. 그러기에 소로는 틈날 때마다 스스로 열심히 땀 흘려 일했다. 그는 성인이 되고 나서 첫 10년 동안 생활필수품을 주로 육체노동을 통해 벌었다. 그는 손재주가 뛰어나 능히 그렇게 살 수 있었다. 이처럼 자연으로 돌아가 그 속에서 살아 보고 싶다는 꿈과, 육체노동을 하면서 건강하고 단순하게 살아 보고 싶다는 믿음이 한데 어우러져 마침내 월든 호숫가에 오두막을 짓고 사는 삶을 만들어 내게 되었다.

소로는 1841년 12월 22일 일기에 다음과 같이 썼다.

"나는 머지않아 그 호수 근처로 가서 살 것이다. 그곳에서 나는 갈대 사이에서 속삭이는 바람소리만 들을 것이다. 만약에 내가 나 자신을 버리고 떠날 수만 있다면 그곳에서 아주 성공적인 생활을 할 수 있을 것이다. 내 친구들은 도대체 무엇을 할 속셈으로 거기 가려느냐고 묻는다. 계절의 변화를 바라보는 것만으로도 할 일은 넉넉하지 않겠는가?"

소로는 1845년 3월 말쯤 월든 호숫가로 들어가기로 결심했다. 그는 『월든』에서 그 이유를 다음과 같이 말했다.

"내가 숲 속으로 들어간 것은 인생을 마음먹고 살아 보기 위해서였다. 다시 말해서 인생의 핵심을 이루는 사실들만 만나 보려는 것이었다. 인생이 가르치는 바를 내가 배울 수 있는지 알아보고자 했던 것이며, 그리하여 마침내 죽음을 맞이했을 때 내가 헛된 삶을 살았구나 하고 깨닫는 일이 없도록 하기 위해서였다. 나는 삶이 아닌 것은 살지 않으려 했으니, 삶은 그토록 소중한 것이기 때문이다.…… 나는 인생을 깊게 살아 보기를 원했고, 인생의 가장 값진 것을 모두 빼먹고자 했으며, 강인하게 스파르타 인처럼 살아, 삶이 아닌 것은 모두 내다 버리고자 했다. 수풀을 넓게 잘라 내고 잡초들을 베어 내어 인생을 끝까지 몰고 간 다음, 그것을 가장 기본적인 요소로 압축시켜서 그 결과 인생이 보잘것없고 천한 것으로 드러나면 그 천한 것의 숨김없는 모습을 있는 그대로 세상에 알리고 싶었다. 그리고 인생이 숭고한 것이라면 그 숭고함을 스스로 체험하여 다음에 여행할 사람들에게 참다운 보고를 하고 싶었다.…… 아직도 우리는 개미처럼 비천하게 살고 있다. 우화를 보면 우리는 이미 오래전에 개미에서 인간으로 변했는데도 말이다.…… 우리의 인생은 사소한 일들로 흐지부지 헛되이 쓰이고 있다.……"

"사람들이 찬양하고 성공적이라고 생각하는 삶은 단지 한 종류의 삶에 지나지 않는다. 왜 우리는 다른 여러 종류의 삶이 있는데도 그것을 희생하면서까지 하나의 삶만을 과대평가하는 것일까?"

소로는 친구가 애지중지하는 도끼 한 자루를 빌려 들고 호숫가의 숲 속으로 들어갔다. 그가 오두막을 짓기 위해 고른 곳은 호수 북쪽 비탈진 언덕에 있는, 에머슨이 갖고 있던 땅이었다. 에머슨은 여름 별장을 지을 생각으로 월든 호숫가에 약간의 땅을 사 두고 있었는데, 소로가 오두막을 짓고 싶다고 하자 기꺼이 허락해 주었다. 에머슨은 소로에게 자기 집에 들어와 함께 살아 보지 않겠느냐고 제안하여 1841년부터 2년 동안을 한 지붕 아래 생활한 적이 있을 만큼 소로와 가까운 사이였다.

소로가 오두막을 지으려고 한 땅은 마을에서 그리 멀지 않은 곳이었으나, 적어도 1.6km 이내에는 아무도 살지 않았다. 호수는 아주 가까이에 있었다. 고립된 지역이나 다름없어 소로가 바라던 가장 마음에 드는 곳이었다. 어떤 방해도 받지 않고 명상할 수 있으면서도 원할 때면 마을의 친구들을 찾아갈 수 있었다.

소로는 곧게 뻗은 백송나무들을 도끼로 베어 기둥과 서까래를 만들었다. 그는 이 일을 하면서 얻는 즐거움을 누리기 위해 날마다 여유 있게 일하고 늦기 전에 마을로 돌아와 잠자리에 들었다. 4월 중순 쯤엔 뼈대를 세울 준비를 끝마쳤고, 벽을

"내가 숲 속으로 들어간 것은 인생을 마음먹고 살아 보기 위해서였다. 다시 말해서 인생의 핵심을 이루는 사실들만 만나 보려는 것이었다. 인생이 가르치는 바를 내가 배울 수 있는지 알아보고자 했던 것이며, 그리하여 마침내 죽음을 맞이했을 때 내가 헛된 삶을 살았구나 하고 깨닫는 일이 없도록 하기 위해서였다."

– 소로

만들기 위해 피츠버그행 철로에서 일하는 한 아일랜드 노동자의 낡은 판잣집을 4달러 25센트를 주고 사서 판자를 옮겨 왔다. 마침내 5월 중순이 되자 몇몇 친지들의 도움을 받아 들보를 올렸고, 벽을 붙이고 지붕을 올리자 집이 완성되었다. 그는 미국의 독립기념일인 7월 4일 입주했다. 그가 지은 집은 길이가 약 4.5m, 폭이 약 3m, 높이가 약 2.5m밖에 되지 않는 조그만 오두막이었다. 다락과 벽장이 있고, 양쪽에는 커다란 유리창이 하나씩 있었으며, 뚜껑문도 두 개 있었다. 출입문 맞은편에는 벽돌로 만든 벽난로도 있었다. 소로는 남쪽의 언덕 기슭에 사방 1.8m의 넓이에 깊이가 2m가량 되는 지하 저장실도 만들었다.

그때까지 소로가 집이라고 가져 본 것은 텐트 하나와 보트 하나가 고작이었는데, 마침내 집이라고 할 만한 것을 갖게 된 것이다. 집 짓는 데 든 비용은 약 28달러밖에 되지 않았다고 소로는 자랑스럽게 기록했다.

그가 장만한 가구 중 일부는 그가 손수 만든 것이었다. 그의 가구는 침대 하나, 식탁 하나, 의자 셋, 거울 하나, 부젓가락 한 벌, 솥 하나, 냄비 하나, 프라이팬 하나, 국자 하나, 세숫대야 하나, 나이프와 포크 두 벌, 스푼 하나, 접시 셋, 컵 하나, 기름 단지와 당밀 단지 각각 하나, 장작 받침쇠 하나가 다였다.

커튼은 그에게 필요 없었다. 해와 달 말고는 밖에서 그의 집을 들여다볼 사람이 없었기 때문이다. 해가 비쳐 색이 바랠 양탄자도 없었고, 달이 비쳐 상할 우유나 고기도 없었다. 소로는 한때 책상 위에 귀한 석회석 세 조각을 놓아두었는데, 매일 한 번씩 먼지를 털어 줘야 한다는 것을 알고는 창문 밖으로 내던져 버렸다.

소로는 그토록 살고 싶었던 곳에서 마침내 자기가 원하던 삶을 시작했다. 그는 무엇에도 얽매이지 않는 자유를 누렸다. 아침이면 일찍 일어나 호수에서 미역을 감는 것으로 하루를 시작했다. 그가 한 일은 주로 밭을 가꾸는 것이었다. 그는 집이 다 지어지기 전부터 임시 비용을 벌어 볼 생각으로 집 근처에 있는 2에이커 반쯤 되는 푸석푸석한 땅에 콩과 완두콩, 감자, 옥수수, 무를 심었다. 그는 새벽 5시부터 정오까지만 일하기로 했다. 그는 즐기면서 일했으므로 밭을 가꾸는 일은 그에게는 노동이면서 또한 명상이었다.

소로는 『월든』에서 첫해 농사에서 얻은 순수입이 8달러 71.5

센트였다고 썼다. 수입이 23달러였고 지출이 14달러 72.5센트였다. 식량이나 그 밖의 쓸 돈이 필요하면 그때마다 마을에 가서 날품을 팔았다. 소로는 "마을에 내려가 측량일과 목수일, 그리고 여러 가지 막일을 해서 13달러 34센트를 벌었다. 나는 손가락 수만큼이나 다양한 직업을 갖고 있었다."라고 썼다.

소로는 월든에서 산 2년 동안 거의 이스트를 넣지 않은 호밀 가루와 옥수수 가루로 빵을 만들어 먹었다. 그 밖에 감자와 쌀, 아주 적은 양의 소금에 절인 돼지고기, 당밀, 소금, 그리고 마시는 물이 그의 식량이었다. 물론 마을로 내려가 외식을 하기도 했지만, 그것은 생계를 꾸려 가는 데 부담이 되었으므로 삼갔다.

가끔은 저녁 식사를 하기 위해 호수에서 물고기를 잡기도 했지만 채식을 주로 하는 것을 원칙으로 삼았다. 한때는 콩밭을 망가뜨리는 우드척(설치동물의 한 종류)을 잡아 시험 삼아 먹어 보고는 죄의식에 시달리기도 했다. 소로는 어쩔 수 없는 경우가 아니고는 호흡하는 생명을 죽이지 않기로 했는데, 콩밭을 망쳐 놓는 우드척을 그대로 가만두어야 할지가 심각한 문제가 되었다. 그래서 결심을 하고 우드척 한 마리를 잡았다. 그러나 소로는 그 우드척을 죽일 생각이 없었다. 원래 이곳에 살고 있

월든 호숫가에 재현되어 있는 소로의 통나무집 내부 모습.

었던 주인은 우드척이었는데, "그의 항의를 무시하고 그의 집을 무너뜨린 후 그 위에 오두막을 짓지 않았던가?" 소로는 이 우드척을 안고 약 3.2km 떨어진 곳으로 데려가 막대기로 엄하게 야단을 친 다음 놓아주었다. 그 뒤 그 우드척의 모습은 다시 볼 수 없었다.

소로는 이렇게 썼다. "2년 동안의 경험에서 내가 배운 것은 이처럼 높은 위도에서도 사람이 필요한 식량을 얻는 데는 믿을 수 없을 만큼 적은 노력밖에 들지 않는다는 사실이다. 그리고 사람이 동물처럼 단순한 식사를 하더라도 체력과 건강을 유지할 수 있다는 것이다."

평소 소로는 거친 천으로 된 초라하지만 실용적인 옷을 입었다. 옷이 찢어지면 자주 기워 입었다. 그는 겉모습을 꾸미는 데에는 1달러도 쓰지 않았다. 그는 옷에 자신의 성격이 스며들어 옷이 몸의 일부처럼 되어 버리기를 바랐다.

소로는 육체적으로든 정신적으로든 일 때문에 꽃처럼 활짝 핀 여름을 즐길 수 없다고 생각될 때에는 일을 그만두고 하루 종일 숲 속에서 쉬면서 지냈다. 마음 내키는 대로 숲과 호숫가와 강을 산책했다. 어떤 날엔 해 뜰 녘부터 한낮까지 햇빛이 잘 드는 곳에 앉아 생각에 잠겨 있기도 했다. 누구도 방해하지 않는 고요함과 고독만이 사방을 둘러싸고 있었다. 오직 새들만이 노래하거나 소리 없이 집 안을 넘나들었다. 그러다가 해가 서쪽 창문을 비치거나 또는 먼 길을 달리는 어느 여행자의 마차 소리를 듣고 문득 시간이 흘러간 것을 깨닫는 때도 있었다. 소로는 이런 시간이 손으로 하는 어떤 일보다도 소중한 것이었다면서 동양 사람들이 일을 포기하고 명상에 잠기는 이유를 이해하게 되었다고 말했다.

월든 숲 속에서도 소로는 꾸준히 글을 썼으며, 저녁에는 예전과 다름없이 일기를 썼다. 그는 고립된 삶이 가져다주는 이점을 잘 활용했다. 소로의 생각이 무르익고 그의 특별한 문체가 만들어진 것도 이때였다. 월든 숲에서 쓴 이 일기가 바탕이 되어 『월든』과 『콩코드 강과 메리맥 강에서 보낸 일주일』이 씌어질 수 있었다.

어떻게 사는 것이 참으로 행복하게 사는 길인가?

『월든』은 한마디로 말해 어떻게 사는 것이 행복하게, 그리고 자유롭게 사는 것인지를 찾아 나섰던 소로가 스스로 찾은 삶을 직접 살아 보고 그것이 옳다는 것을 보고한 책이다. 소로는 많은 사람들이 "이렇게 살아야 하고 또한 이렇게 살 수밖에 없다"고 당연한 것으로 믿었던 오래된 상식을 의심하고, 자기 나름대로 진짜로 행복하게 사는 것이 어떤 것인지를 오랫동안 찾아 왔었다. 사람이 살아가는 데 정말로 필요한 것이 무엇인가? 사람들은 이 질문에 대한 답을 으레 오래된 생활 방식에서 찾고 또 그 길밖에 없다고 믿어 왔다. 그러나 소로는 그렇지 않다면서 『월든』에서 이렇게 말했다.

"굳어져 버린 잘못된 생각은 지금이라도 버리는 것이 낫다. 아무리 오래된 사고방식이라도 증명되지 않은 것을 믿어서는 안 된다. 오늘 모든 사람들이 진리라고 받아들인 것이 내일에는 거짓으로 판명될지도 모른다. 들에 단비를 내려 줄 구름으로 믿었던 것이 한갓 연기에 지나지 않는 것으로 드러나듯

말이다. 노인네들이 불가능하다고 한 일도 여러분은 해 보고 이루어 내고 있지 않은가? 옛 사람에게는 옛 행위가 있고 새 사람들에는 새 행위가 있다. 옛 사람들은 새로운 연료로 불을 지피는 방법을 몰랐지만 새 시대의 사람들은 새처럼 빠르게 불을 지피며, 그야말로 노인네를 치어 죽일 만큼 빠른 속도로 지구를 도는 것이다."

"사람들이 찬양하고 성공적인 것으로 생각하는 삶은 다만 한 종류의 삶에 지나지 않는다. 왜 우리는 다른 여러 종류의 삶을 희생하면서까지 하나의 삶을 과대평가하는 것일까?"

소로는 많은 젊은이들이 농장, 주택, 가축 등을 물려받은 뒤 그것을 앞으로 밀고 가면서 어렵게 한 평생을 살아가는 것을 보았다. 불멸의 영혼을 가졌다는 사람들이 등에 진 짐의 무게에 눌려 깔리다시피 한 채, 인생의 길을 힘들게 걷는 것을 많이 보았다. 그리고 그와 같은 유산을 물려받지 못해 그런 짐과 싸우지 않아도 되는 사람들도 조그만 육신의 요구를 채우는 데 힘겨워하는 것을 보았다. 이렇게 살아가는 것을 어떻게 보아야 하나? 소로는 『월든』에서 다음과 같이 썼다.

"사람들은 그릇된 생각 때문에 고생하고 있는 것이다. 사람의 육신은 땅에 묻혀 거름이 되어 버린다. 사람들은 흔히 '필요한 것'이라고 불리는 거짓 운명의 말을 듣고는 좀이 먹고 녹이 슬며 도둑이 들어와 훔쳐 갈 재물을 모으느라 정신이 없다. 그러나 인생이 끝날 무렵이면 자연히 알게 되겠지만 이런 것은 어리석은 사람의 인생이다."

"비교적 자유로운 이 나라(미국)에서도 사람들은 무지와 오해 때문에 부질없는 근심과 지나친 노동에 몸과 마음을 빼앗겨 인생의 아름다운 열매를 따 보지 못하고 있다. 지나친 일 때문에 투박해진 그들의 열 손가락은 그 열매를 딸 수 없을 정도로 떨린다.…… 노동자는 단순한 기계 이외에 다른 아무것도 될 시간이 없다."

"우리는 너무나 철저하게 현재의 삶을 믿는 나머지 그것이 바뀔 수 있다는 것을 부인하고 있다. '이 길 외에는 다른 길이

월든 호수.

없다'고 우리는 말한다. 그러나 원의 중심에서 몇 개라도 반경을 그릴 수 있듯이 길은 얼마든지 있다. 생각해 보면 모든 변화는 기적이라고 할 수 있으며 그 기적은 시시각각 일어나고 있다. 공자는 '아는 것을 안다고 하고 모르는 것을 모른다고 하는 것이 참되게 아는 것'이라고 말했다."

소로는 우선 먹고, 입고, 거주하는 데 반드시 필요하다는 생활필수품에서부터 우리가 당연한 것으로 받아들인 상식을 의심했다. 꼭 필요한 것이라고 하는 것들 가운데 많은 것들이 정말로 필요한 물건들이 아닐 뿐만 아니라 사람을 향상시키는 데도 방해가 된다고 소로는 생각했다. "가장 현명한 사람들은 항상 가난한 사람들보다 더 간소하고 결핍된 생활을 해 왔다. 중국, 인도, 페르시아 및 그리스의 옛 철학자들은 겉으로는 누구보다도 가난했으나 안으로는 누구보다도 부유한 사람들이었다."

그래서 소로는 『월든』에서 이렇게 말했다. "간소하게, 간소하게, 간소하게 살라! 제발 바라건대 여러분의 일을 두 가지나 세 가지로 줄여라. 백 가지나 천 가지가 되도록 내버려 두지 말라.…… 하루에 세 끼를 먹는 대신 필요하다면 한 끼만 먹어라. 백 가지 요리를 다섯 가지로 줄여라. 그리고 다른 일들도 그런 비율로 줄이도록 하라."

소로는 사람들이 돈벌이 때문에, 또는 미래를 준비해야 한다면서 '오늘'을 제대로 살지 못하는 것을 안타깝게 생각했다. "왜 우리는 이렇게 쫓기듯이 인생을 낭비하면서 살아야 하는가? 우리는 배가 고프기도 전에 굶어 죽을 각오를 하고 있다. 사람들은 제때의 한 바늘이 나중에 아홉 바늘의 수고를 막아 준다고 하면서 오늘 천 바늘을 꿰매고 있다. 일, 일 하지만 우리는 이렇다 할 중요한 일 하나 하고 있지 않다. 다만 춤추는 병에 걸려 머리를 가만히 놔둘 수가 없을 뿐이다."

소로에 의하면 사람들은 진리가 멀리 어딘가에 있다고 생각하지만 그 모든 것은 '지금 여기'에 있다고 한다. 과거와 미래를 포함하여 그 어느 시대도 지금보다 더 거룩하지는 않다는 것이다.

소로는 『월든』의 '맺는말'에서 사람들에게 자기 자신을 탐험하여 새로운 세계가 있음을 발견해 내라고 권고한다. 깍도요나 멧도요를 잡는 것도 좋은 사냥 거리이기는 하지만 자기 자신을 사냥의 대상으로 삼는 것이 더 고귀한 스포츠가 될 것이라며 이렇게 말했다. "그대의 눈을 안으로 돌려 보라. 그러면 그대의 마음속에서 여태껏 발견하지 못했던 천 개의 지역을 찾아내리라. 그곳을 답사하라, 그리고 자기 자신이라는 우주의 전문가가 되라."

또 소로는 자기 안에 있는 신대륙과 신세계를 발견하는 콜럼버스가 되라고 조언한다. 각 사람은 하나의 왕국의 주인이며, 그에 비하면 러시아 황제의 대제국은 보잘것없는 작은 나라에 지나지 않는다. 이런 탐험으로 자기 안에서 신대륙을 발견하면 그것이 어떤 것이든 그것을 잘 지키는 것이 그의 의무라고 소로는 말한다.

"나는 경험에 의해 적어도 다음과 같은 것을 배웠다. 즉 사람이 자기가 가진 꿈의 방향으로 자신 있게 나아가며 자기가 그리던 삶을 살려고 노력하면 그는 보통 때는 생각하지도 못한 성공을 맞게 될 것이라는 것을 말이다.…… 각자는 자신의 일에 열중하며, 타고난 천성에 따라 고유한 사람이 되도록 노력해야 할 것이다."

소로가 태어난 집.

소로는 자기의 인생이 아무리 보잘것없고 천하더라도 그것을 똑바로 맞이해서 살아가라고, 아무리 자기 삶이 가난하더라도 그것을 사랑하라고 강조한다. 인생을 제대로 바라보는 사람은 어떤 곳에 살더라도 궁전에서 사는 것처럼 만족한 마음과 유쾌한 생각을 가질 수 있기 때문이다.

1847년 9월 6일, 소로는 월든을 떠나 콩코드에 있는 아버지의 집으로 돌아왔다. 그는 왜 숲을 떠났을까? 소로는 『월든』에서 이렇게 말했다.

"나는 숲에 들어갈 때와 마찬가지로 어떤 중요한 이유 때문에 숲을 떠났다. 나는 살아야 할 또 다른 몇 개의 인생이 남아 있는 것처럼 느꼈으며, 그렇기에 숲 속의 생활에는 더 이상 시간을 쓸 수 없었다."

용어 설명

콩코드(Concord)... 9쪽

미국 매사추세츠 주 보스턴 북서쪽에 있는 도시로 1635년에 세워졌다. 소로를 비롯해 철학자 에머슨, 작가 너새니얼 호손 등을 배출하면서 19세기에는 이름난 문화 중심지로 성장했다. 미국의 독립전쟁이 이곳과 렉싱턴에서 시작되었다.

뉴잉글랜드(New England)... 12쪽

메인·뉴햄프셔·버몬트·매사추세츠·로드아일랜드·코네티컷 주를 포함하는 미국 북동부 지역을 말한다.

미국 독립전쟁... 18쪽

영국의 식민지였던 미국 13개 주가 영국으로부터 독립을 이룬 전쟁(1775~1783). 1775년 4월에 전쟁이 시작되었고, 1776년에 미국 독립선언서가 발표되었으며, 1783년 파리조약으로 미 대륙의 13개 주가 독립을 얻음으로써 전쟁은 끝이 났다.

랠프 월도 에머슨(Ralph Waldo Emerson)... 22쪽

미국의 사상가, 수필가이자 시인(1803~1882). 뉴잉글랜드의 초월주의를 주도한 대표적인 인물이다. 작품으로 『자연론』, 『에세이집』, 『위인전』 등이 있다.

생태학... 26쪽

생물학의 한 분야로, 생물과 그 환경의 상호관계를 연구하는 학문이다. 오랫동안 일반 사람들에게 익숙하지 않았던 생태학은 20세기에 들어서면서 생물학 분야 가운데 가장 중요한 분야의 하나로 부각되었다.

파상풍... 31쪽

상처 부위로 침투한 파상풍균(菌)이 증식하면서 만들어 내는 독소 때문에 근육이 마비되고, 몸이 쑤시고 아프면서 근육 경련과 같은 증상들이 나타나는 감염성 질환이다.

월트 휘트먼(Walt Whitman)... 32쪽

미국의 시인이자 수필가(1819~1892). 가난한 농부의 아들로, 전통적인 시 형식에 따르지 않고 자유로운 수법으로 시를 썼다. 시집 『풀잎』은 그의 대표적인 작품이다.

호레이스 그릴리(Horace Greeley)... 34쪽

미국의 신문편집인(1811~1872). 1834년에 주간지 《뉴요커》를, 1841년에 《뉴욕 트리뷴》을 창간했다.

너새니얼 호손(Nathaniel Hawthorne)... 34쪽

미국의 소설가(1804~1864). 우의적이고 상징적인 이야기를 잘 묘사했으며, 대표적인 작품으로 『주홍글자』, 『큰 바위 얼굴』 등이 있다.

아비(阿比)... 41쪽
아비과의 바닷새. 몸의 길이는 43~58센티미터이며, 등은 어두운 갈색이고 작은 흰 점이 흩어져 있다. 머리와 목은 회색, 배는 흰색이다. 부리는 날카롭고 발에는 물갈퀴가 있다.

인두세(人頭稅)...45쪽
세금을 낼 수 있는 능력의 차이를 고려하지 않고 각 개인에게 똑같은 금액으로 매기는 세금을 말한다.

남북전쟁... 45쪽
미국 역사에서 연방정부(북부연방)와, 연방에서 분리할 권리를 주장했던 남부 11개 주가 4년 동안 벌였던 전쟁(1861~1865). 에이브러햄 링컨이 이끄는 북부연방이 전쟁에서 승리하면서 연방은 보존되었고, 아울러 노예제도가 폐지되고 해방된 노예들은 시민권을 부여받았다.

멕시코 전쟁... 45쪽
미국과 멕시코 사이에 영토 문제로 일어난 전쟁(1846~1848). 일방적으로 승리한 미국은 서부의 영토, 즉 리오그란데에서부터 태평양 연안에 이르는 멕시코 땅을 차지했다. 그러나 정치적으로 남부의 발언권이 세지고, 노예제도를 둘러싼 논쟁이 더욱 커져 남북전쟁이 일어나는 데 한몫을 했다. '멕시코-미국 전쟁'이라고도 부른다.

지은이 **엘리자베스 링**

『헨리 데이비드 소로』와 『레이첼 카슨(Rachel Carson)』을 비롯해, 『작은 너구리의 모험(The Little Raccoon)』, 『나비들의 여행(Butterfly Journey)』 등 주로 어린이를 위한 작품을 쓰고 있다.

옮긴이 **강미경**

1964년 제주에서 태어나 이화여자대학교 사범대학 영어교육학과를 졸업하고, 전문 번역가로 활동하고 있다. 인문 교양서를 비롯해 영어권의 다양한 양서들을 우리말로 옮겼다. 옮긴 책으로 『프로파간다』, 『작가 수업』, 『나침반, 항해와 탐험의 역사』, 『도서관, 그 소란스러운 역사』, 『유혹의 기술』, 『지킬 박사와 하이드 씨』, 『톰 소여의 모험』, 『마르코 폴로의 모험』, 『똥 누고 물 내리지 마세요!』 등이 있다.

두레아이들 인물 읽기 ❸

헨리 데이비드 소로
생태문학의 고전 『월든』을 쓴 자연시인

1판 1쇄 발행 2005년 12월 28일
개정판 1쇄 발행 2015년 2월 10일

지은이 엘리자베스 링 | 옮긴이 강미경
펴낸이 조추자 | 펴낸곳 두레아이들 | 등록 2002년 4월 26일 제10-2365호
주소 서울시 마포구 공덕대로 14가길 4-11(공덕1동 105-225)
전화 02)702-2119(영업), 703-8781(편집) | 팩스 02)715-9420
이메일 dourei@chol.com | 블로그 blog.naver.com/dourei

* 가격은 뒤표지에 적혀 있습니다. 잘못 만들어진 책은 구입한 곳에서 바꾸어 드립니다.
* 이 책은 밀브룩 출판사(The Millbrook Press)에서 1993년에 출간된 「헨리 데이비드 소로(Henry David Thoreau)」의 한국어판입니다. 이 책의 저작권자나 저작권 관련 사항을 아시는 분은 출판사로 연락주시기 바랍니다.
* 이 책의 내용은 두레아이들의 허락 없이 무단 복제나 전재할 수 없습니다.
* 이 도서의 국립중앙도서관 출판예정도서목록(CIP)은 서지정보유통지원시스템 홈페이지 (http://seoji.nl.go.kr)와 국가자료공동목록시스템(http://www.nl.go.kr/kolisnet)에서 이용하실 수 있습니다.(CIP제어번호: CIP2015000775)

ISBN 978-89-91550-60-5 73840

두레아이들 그림책 시리즈

나무를 심은 사람
장 지오노 글 | 프레데릭 백 그림 | 햇살과나무꾼 옮김

초등학교 교과서(5-1) 수록 작품,
한국간행물윤리위원회 청소년 권장도서

위대한 강
프레데릭 백 글·그림 | 햇살과나무꾼 옮김

한국간행물윤리위원회 청소년 권장도서, 오픈키드 추천도서

사람은 무엇으로 사는가
레프 N. 톨스토이 글 | 최숙희 그림 | 김은정 옮김

주니버(네이버) 오늘의 책,
한국간행물윤리위원회 '이달의 읽을 만한 책'

사랑이 있는 곳에 신이 있다
레프 N. 톨스토이 글 | 최수연 그림 | 김은정 옮김

별
알퐁스 도데 글 | 윤종태 그림 | 김영신 옮김

큰 바위 얼굴
너새니얼 호손 글 | 김근희 그림 | 이현주 옮김

어느 작은 사건
루쉰 글 | 이담 그림 | 전형준 옮김

교보문고 추천도서

두레아이들 교양서 시리즈

과학자와 어린이가 함께 파헤치는
지구 온난화
린 체리·게리 브라시 지음 | 데이비드 소벨 교수 서문 | 이충호 옮김

행복한 아침독서 추천도서, 학교도서관저널 추천도서
열린어린이 권장도서, 어린이문화진흥회 '좋은 어린이 책'

재미있는 돈의 역사
벳시 마에스트로 글 | 줄리오 마에스트로 그림 | 이문희 옮김

오픈키드 추천도서

신기한 곤충들의 나라
클로드 뉘리자니·마리 페레누 글, 사진 | 햇살과나무꾼 옮김
김정환 감수

서울시 교육청 권장도서, 《조선일보》 추천도서

인디언의 선물
: 촉토 인디언이 전하는 나눔의 감동적인 이야기

마리-루이스 피츠패트릭 글, 그림 | 게리 화이트디어 감수 | 황의방 옮김

중학교 국어 교과서(1-1) 수록작품
열린어린이 권장도서, 아이북랜드 선정도서

물고기가 사라진 세상
마크 쿨란스키 지음 | 프랭크 스톡턴 그림 | 이충호 옮김

환경부 우수환경도서, 한국어린이출판협의회 추천도서
오픈키드 추천도서, 열린어린이 권장도서

숲이 어디로 갔지?(개정판)
: 독일의 유명한 환경교육 책

베른트 M. 베이어 지음 | 유혜자 옮김

산림청 권장도서, 《중앙일보》 추천도서

바다가 아파요!
얀 리고 지음 | 이충호 옮김

러셀 프리드먼 역사 교양서 시리즈

1차 세계대전: 모든 전쟁을 끝내기 위한 전쟁
러셀 프리드먼 지음 | 강미경 옮김

행복한 아침독서 추천도서

마르코 폴로의 모험
러셀 프리드먼 지음 | 배그램 이바툴린 그림 | 강미경 옮김

한국간행물윤리위원회 청소년 권장도서, 행복한 아침독서 추천도서,
열린어린이 권장도서

아메리카를 누가 처음 발견했을까?
러셀 프리드먼 지음 | 강미경 옮김

행복한 아침독서 추천도서, 어린이문화진흥회 '좋은 어린이 책',
열린어린이 권장도서